顾问委员会

主　任：韩启德

委　员：刘嘉麒　周忠和　张　藜　于　青　刘海栖
　　　　海　飞　王志庚

编委会

主　任：徐延豪

副主任：郭　哲　张　藜　任福君

委　员：（按姓氏笔画排序）
　　　　叶　青　刘　晓　刘　静　李以莞　李清霞
　　　　杨志宏　杨新军　张九辰　周大亚　孟令耘
　　　　胡晓菁　袁　海　顾晓曼　高文静　曹海霞
　　　　彭　洁

主编

任福君

副主编

杨志宏

致谢

感谢张九辰研究员为本书审稿。

"共和国脊梁"科学家绘本丛书 校园普及版

冰川上的勇士

施雅风的故事

任福君 主编
王慧斌 高晓玲 著　周倩 绘

北京出版集团
北京出版社

前 言

回首近代的中国，积贫积弱，战火不断，民生凋敝。今天的中国，繁荣昌盛，国泰民安，欣欣向荣。当我们在享受如今的太平盛世时，不应忘记那些曾为祖国奉献了毕生心血的中国科学家。他们对民族复兴的使命担当、对科技创新的执着追求，标刻了民族精神的时代高度，书写了科学精神的永恒意义。他们爱国报国、敬业奉献、无私无畏、追求真理、不怕失败，为祖国科学事业的繁荣昌盛，默默地、无私地奉献着，是当之无愧的共和国脊梁，应被我们铭记。

孩子是祖国的未来，更是新时代的接班人。今天，我们更应为孩子们多树立优秀榜样，中国科学家就是其中之一。向孩子们讲述中国科学家的故事，弘扬其百折不挠、勇于创新的精神，是我们打造"'共和国脊梁'科学家绘本丛书"的初衷，也是对中国科学家的致敬。

丛书依托于"老科学家学术成长资料采集工程"（以下简称"采集工程"）。这项规模宏大的工程启动于2010年，由中国科协联合中组部、教育部、科技部、工信部、财政部、原文化部、中国科学院、中国工程院等11个单位实施，目前已采集了500多位中国科学家的学术成长资料，积累了一大批实物和研究成果，被誉为"共和国科技史的活档案"。"采集工程"在社会上产生了广泛影响，但成果受众多为中学生及成人。

为了丰富"采集工程"成果的展现形式，并为年龄更小的孩子们提供优质的精神食粮，"采集工程"学术团队与北京出版集团共同策划了本套丛书。丛书由多位中国科学院院士、科学家家属、科学史研究者、绘本研究者等组成顾问委员会、编委会和审稿专家团队，共同为图书质量把关。丛书主要由"采集工程"学术团队的学者担任文字作者，并由新锐青年插画师绘图。2017年9月启动"'共和国脊梁'科学家绘本丛书"创作工程，精心打磨，倾注了多方人员的大量心血。

丛书通过绘本这种生动有趣的形式，向孩子们展示中国科学家的风采。根据"采集工程"积累的大量资料，如照片、手稿、音视频、研究报告等，我们在尊重科学史实的基础上，用简单易懂的文字、精美的绘画，讲述中国科学家的探索故事。每一本都有其特色，极具原创性。

丛书出版后，获得科学家家属、科学史研究者、绘本研究者等专业人士的高度认可，得到社会各界的高度好评，并获得多个奖项。

丛书选取了不同领域的多位中国科学家。他们是中国科学家的典型代表，对中国现代科学发展贡献巨大，他们的故事应当广泛流传。

"'共和国脊梁'科学家绘本丛书"的出版对"采集工程"而言，是一次大胆而有益的尝试。如何用更好的方式讲述中国科学家故事、弘扬科学家精神，是我们一直在思考的问题。希望孩子们能从书中汲取些许养分，也希望家长、老师们能多向孩子们讲述科学家故事，传递科学家精神。

"'共和国脊梁'科学家绘本丛书"编委会

致读者朋友

亲爱的读者朋友，很高兴你能翻开这套讲述中国科学家故事的绘本丛书。这些科学家为中国科学事业的繁荣昌盛做出了巨大贡献，是我们所有人的榜样，更是我们人生的指路明灯。

讲述科学家的故事并不容易，尤其是涉及专业词汇，这会使故事读起来有一些难度。在阅读过程中，我们有以下3点建议希望能为你提供帮助：

1.为了让阅读过程更顺畅，我们对一些比较难懂的词汇进行了说明，可以按照注释序号翻至"词汇园地"查看。如果有些词汇仍然不好理解，小朋友可以向大朋友请教。

2.在正文后附有科学家小传和年谱，以帮助你更好地认识每一位科学家，了解其个人经历与科学贡献，还可以把它们当作线索，进一步查找更多相关资料。

3.每本书的封底附有两个二维码。一个二维码是绘本的音频故事，扫码即可收听有声故事；另一个二维码是中国科学家博物馆的链接。中国科学家博物馆是专门以科学家为主题的博物馆，收藏着大量中国科学家的相关资料，希望这些丰富的资料能拓宽你的视野，让你感受到中国科学家的风采。

瞧！这个浑身泥巴的小男孩，
为了吓唬路人，
大叫一声，跳进了河里！
别看他贪玩调皮，
却能说出全国铁路线的起点和终点，丝毫不差！
这个小男孩是谁呢？
他就是施雅风，未来的大科学家！

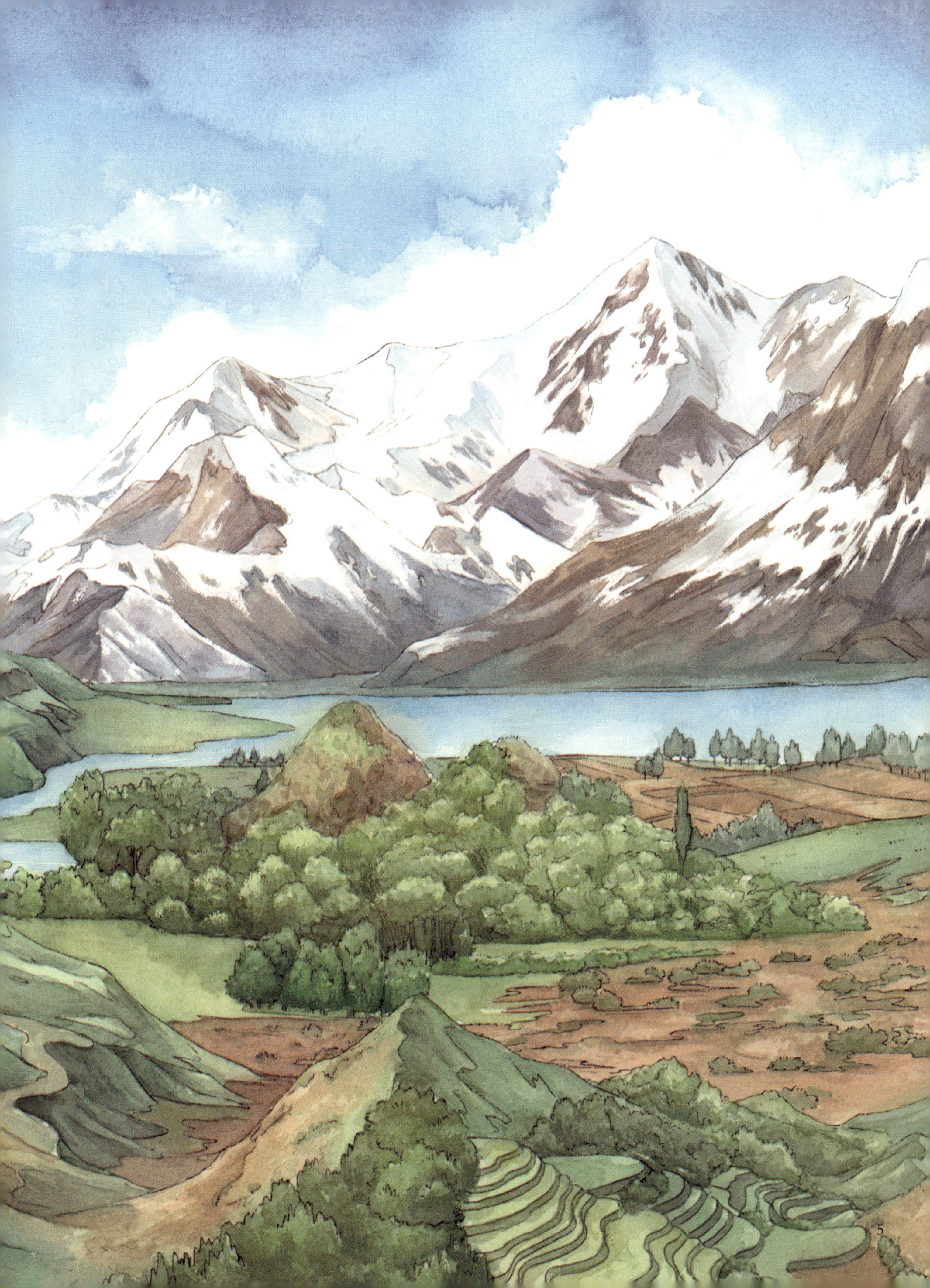

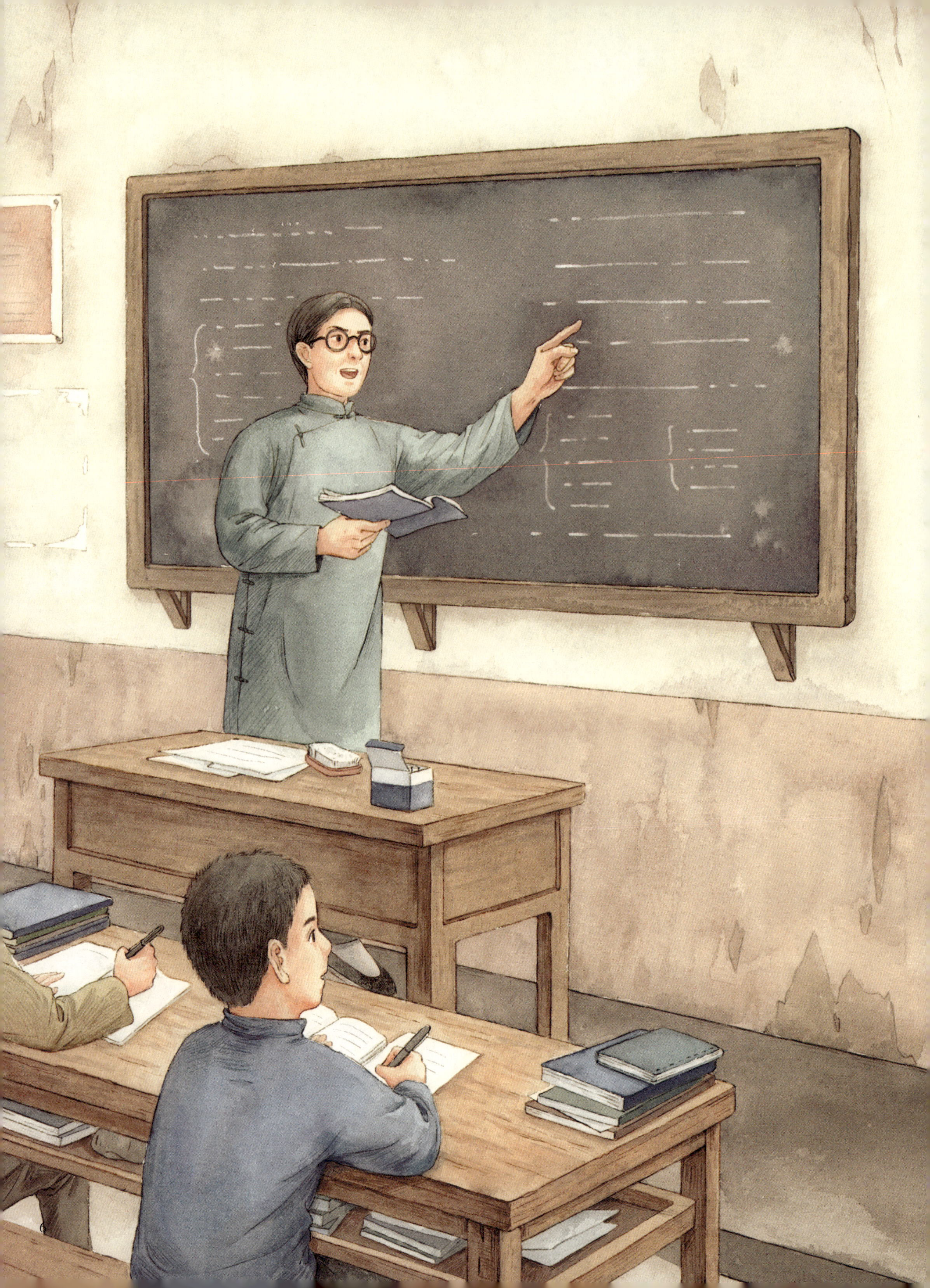

上中学时,施雅风最喜欢的就是地理课。
那时的中国正遭受外敌的侵略,
课堂上,老师经常讲解战争形势。
施雅风就每天翻阅地图,
查找和战争有关的地名,
还对照地图比画着如何出兵,把侵略者击退。

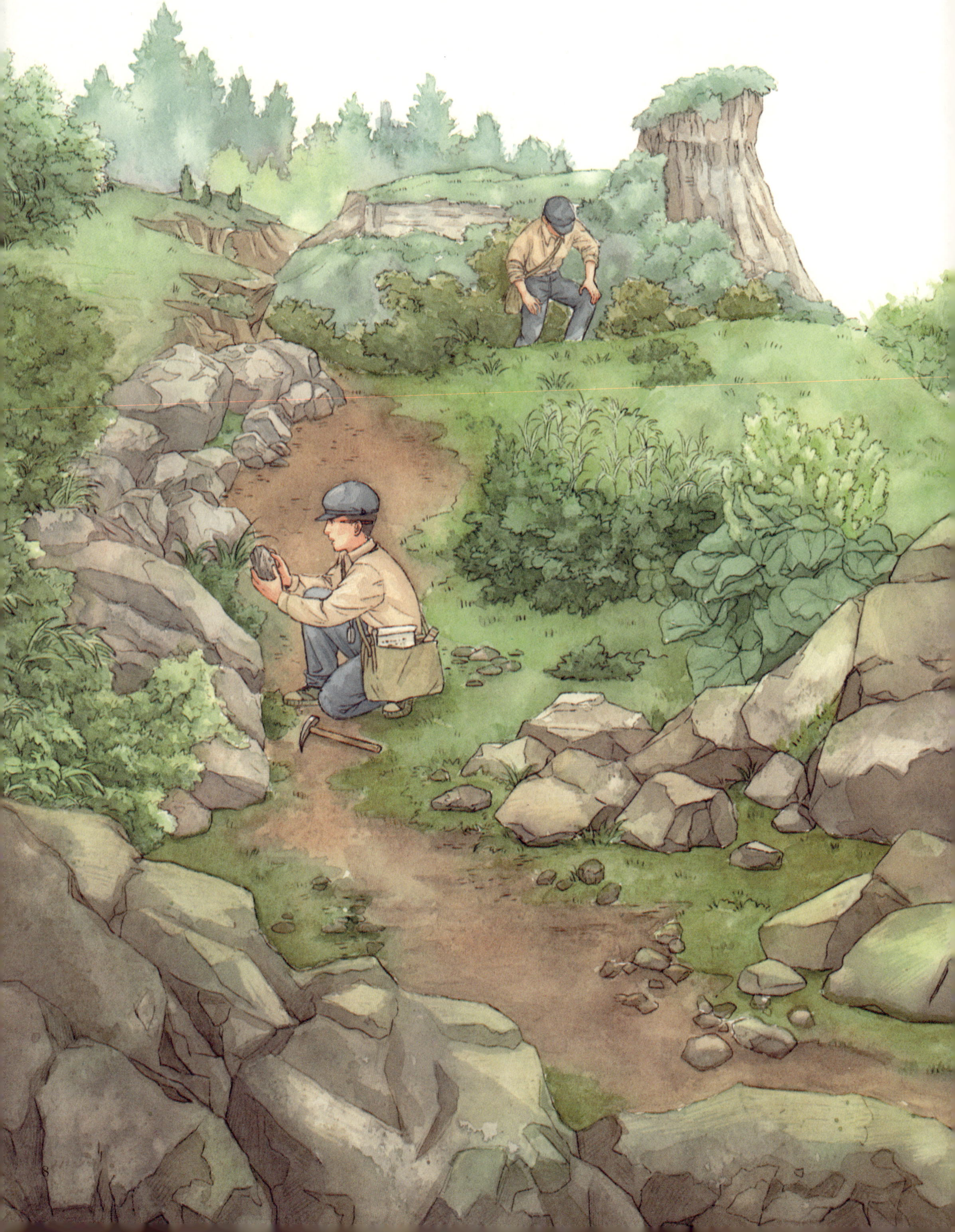

考大学的时候,
施雅风毫不犹豫地选择了学习地理专业。
地理考察很辛苦,
有时一天就要在野外步行三四十里[①],
鞋子、袜子常没穿几天就破了,
补了还会破,破了再补。
不过,为了自己热爱的事业,
吃这点儿苦又算什么呢?

大学毕业后，施雅风如愿从事地理学研究。
在考察荒漠②时，
严重的缺水问题使他深感忧虑。
正在此时，
一片洁白闪亮的冰川③出现在远处，
他突然有了个大胆的想法：
能不能利用冰川融水来缓解干旱呢？

11

20世纪50年代,
虽然中国人对冰川的认识还很少,
但施雅风毫不退缩。
他在祁连山找到一条冰川,
请外国专家做指导,
带着考察队队员从头开始学冰川考察相关知识、练登山,
终于攀登到海拔④5000多米的最高点!

因为这一天是7月1日,
他们就给这条冰川取名为"七一冰川",
这是中国人自己命名的第一条冰川。

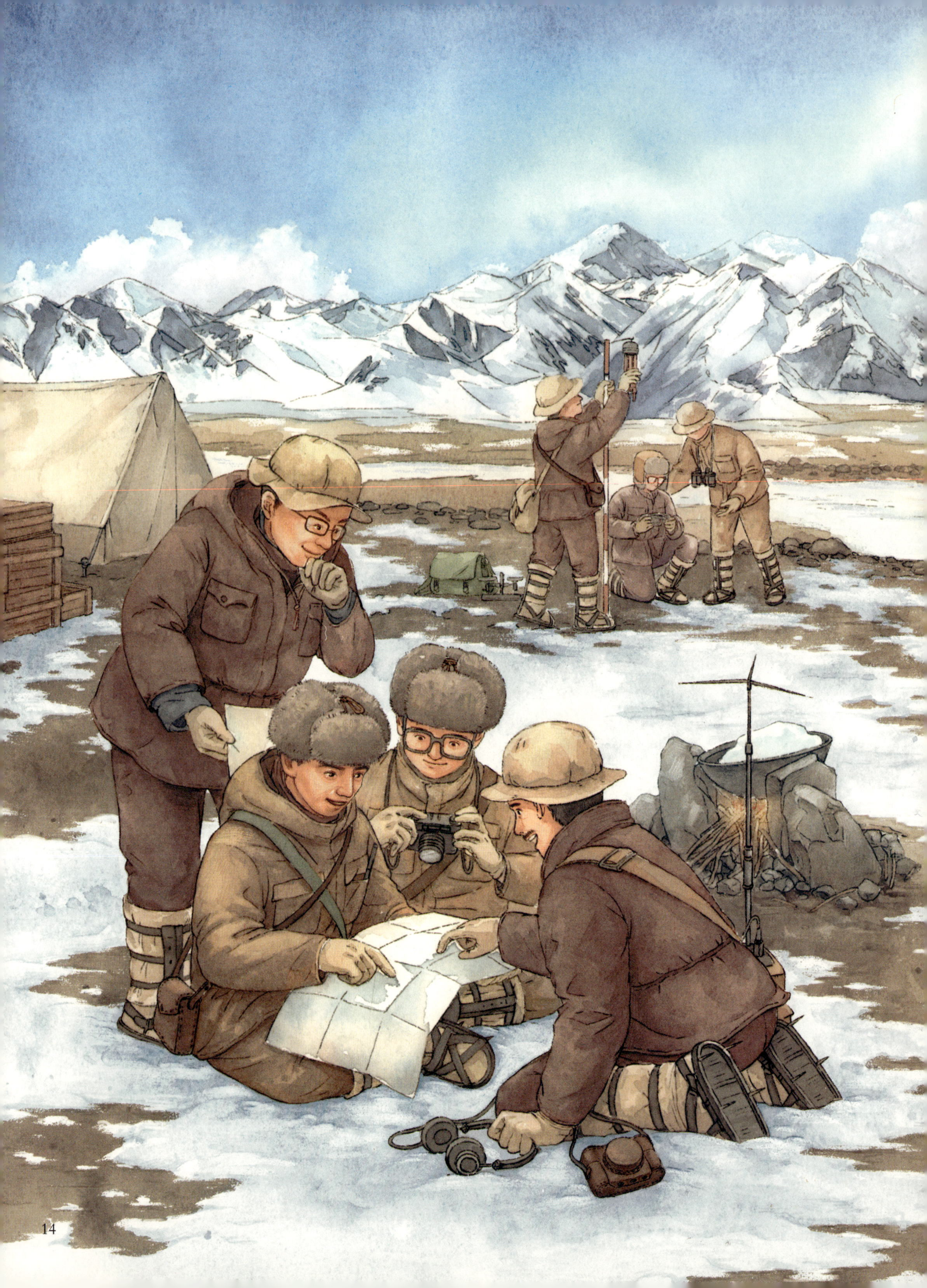

接下来，考察队只用了3个月，
就估算出了祁连山冰川的储水量。
不过，该如何利用这个庞大的固体水库呢？
他们了解到，
当地人常把黑色物质撒在冰川上以加速冰雪消融，
通过反复实验，
考察队挑选出了促进冰川消融的最佳材料。
队员们兴奋不已，
仿佛已经看到冰川融水把荒漠变成了绿洲[5]！

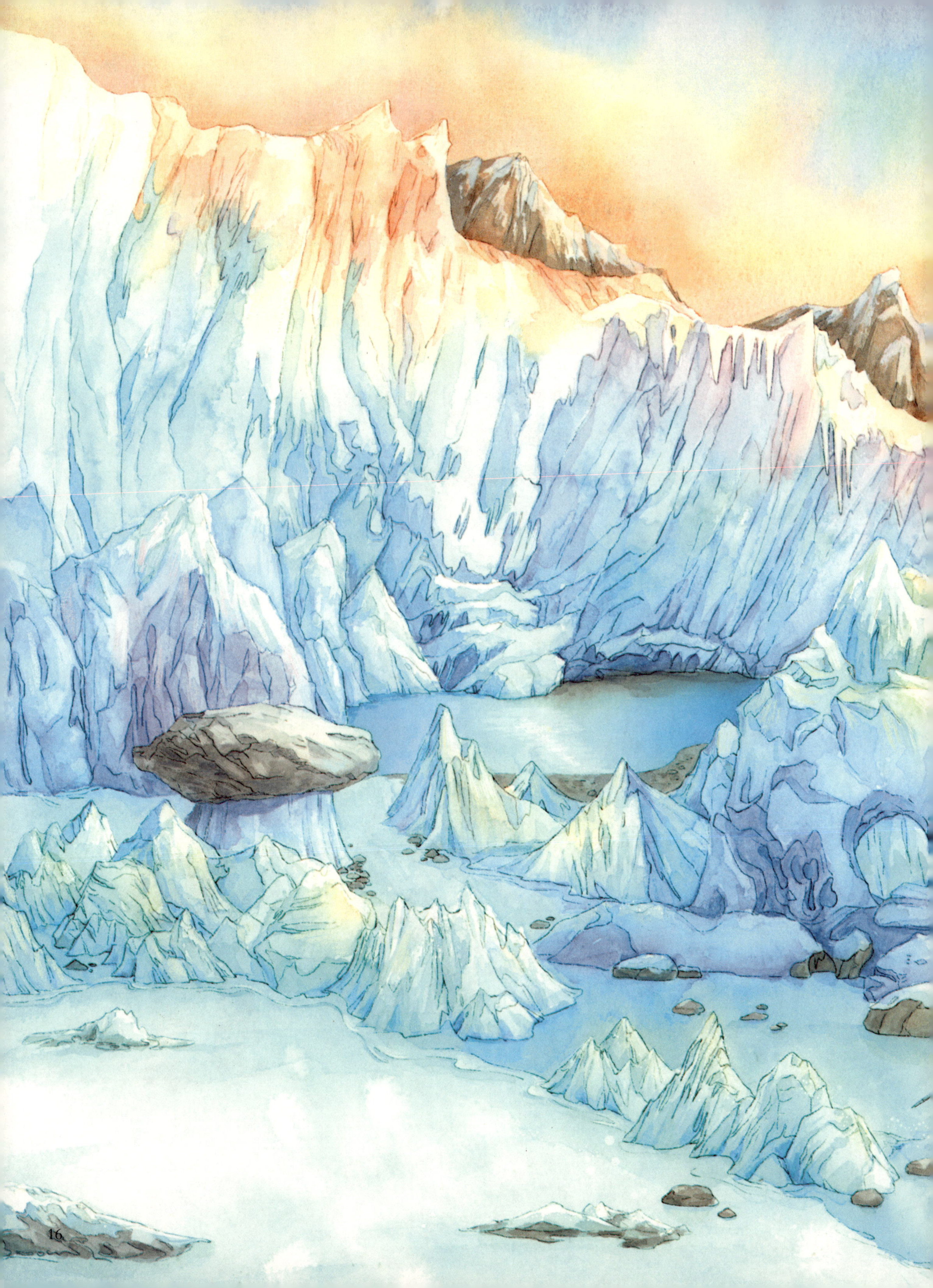

几年后,施雅风接到了考察希夏邦马峰的任务。
这可是世界第十四高峰,之前还从未有人登顶。
在这里,他带领考察队发现了罕见的冰塔林。
这些冰塔千姿百态,闪耀着珠玉般的光芒,
有的像金字塔,有的像竹笋,
还有的像翩翩起舞的少女……
冰塔中间散落着明镜一般的冰湖,
冰洞里更是晶莹透亮,像仙境一样。

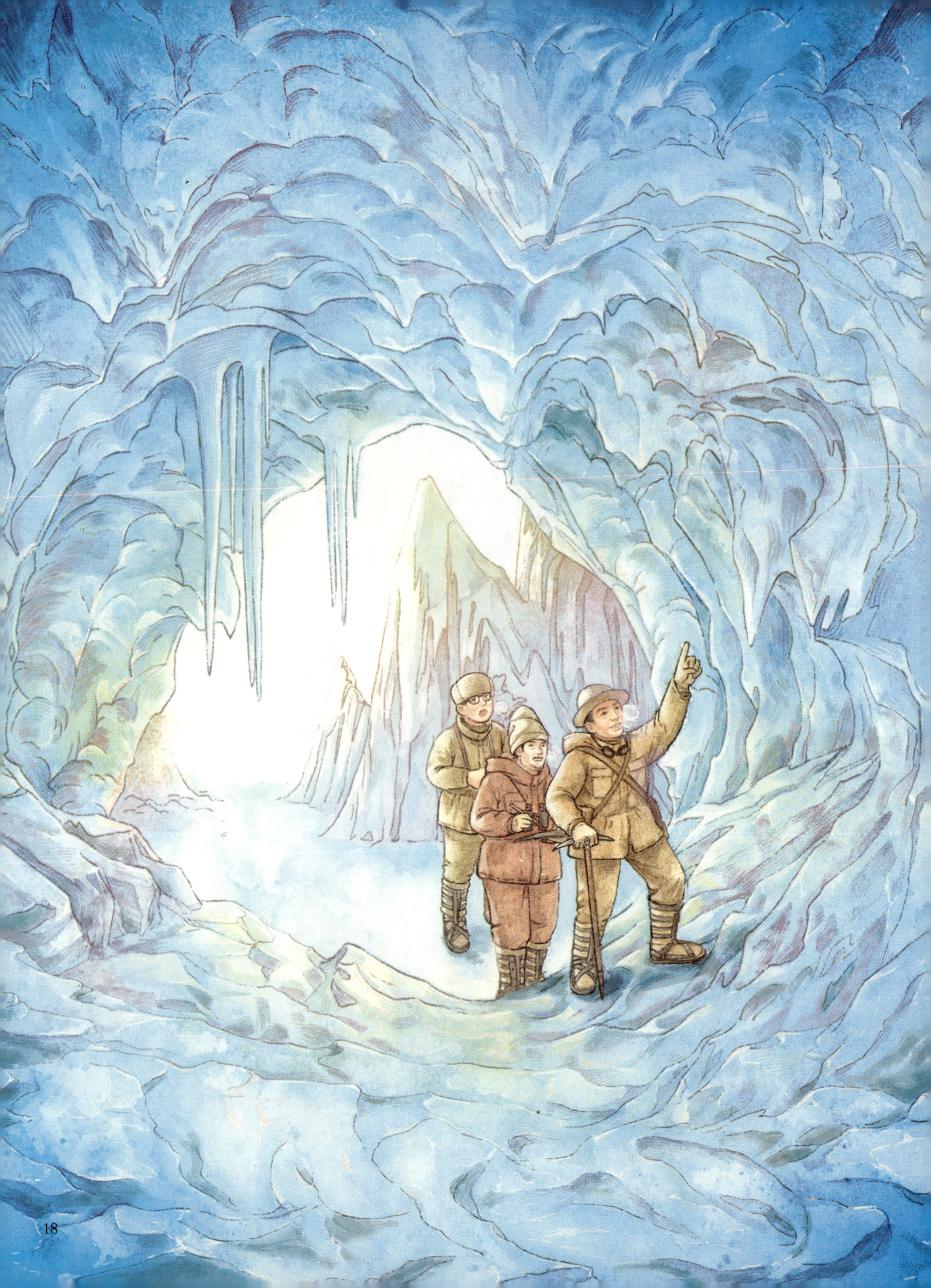

美景当前，
可科学家不会错过研究冰川的绝佳机会。
他们观测冰塔的结构和温度，
分析了冰塔林从形成、发育到消融的过程，
还弄清了希夏邦马峰冰川的发育特征。
这些研究为之后考察珠穆朗玛峰奠定了良好的基础。

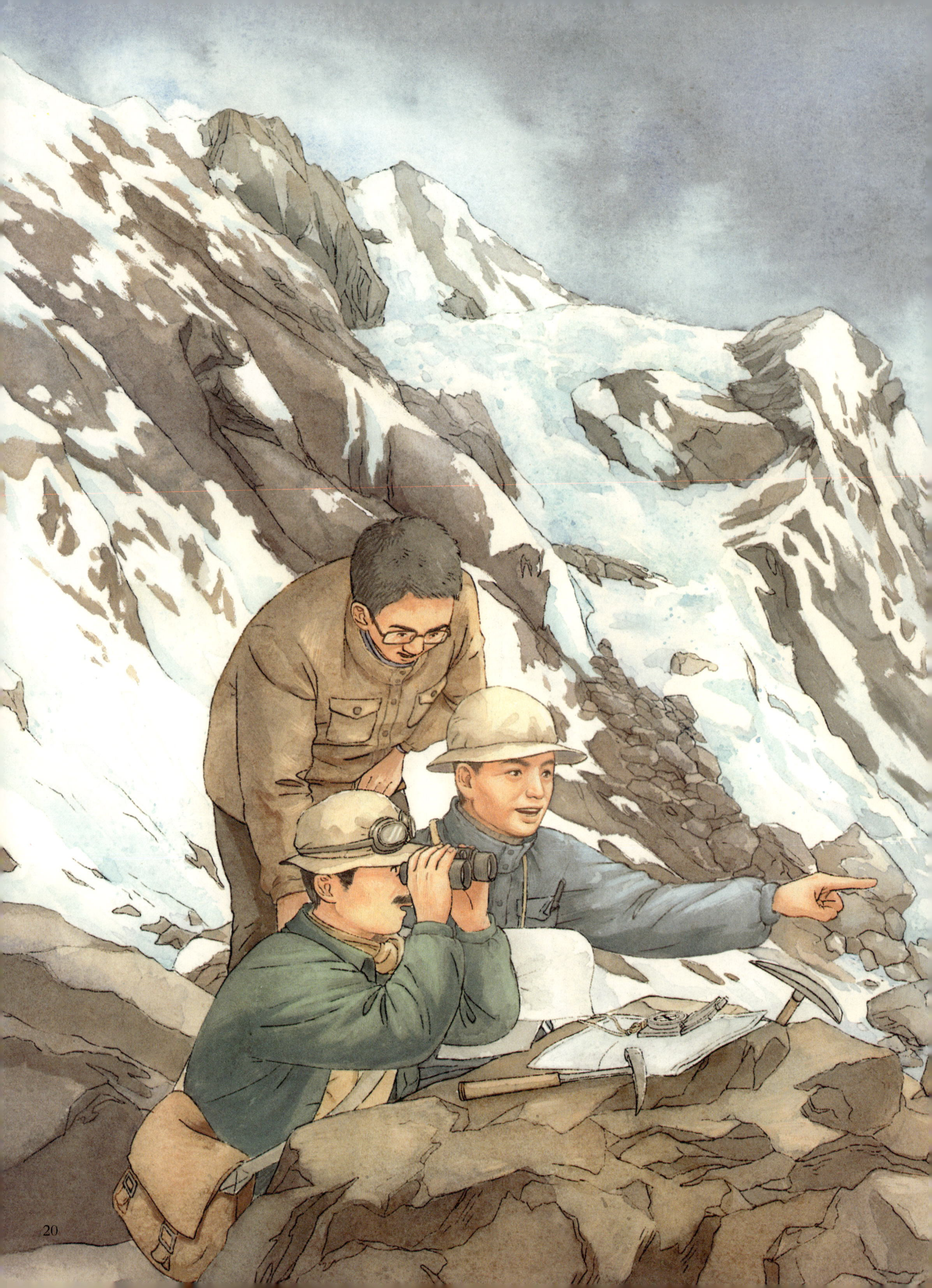

冰川研究不只要认真地考察和记录，
有时还要进行复杂的计算和预测。
有一年，喀喇昆仑山巴托拉冰川暴发洪水，
冲毁了刚刚修成的公路。
如果把公路改道，就要投入一大笔钱；
但如果在原地修复，又担心再被冰川破坏。
这就需要精确地预报冰川的变化。

22

此时的施雅风已经55岁，
却和年轻人一样起早贪黑、翻山越岭。
终于，他带领考察队摸索出"波动冰量平衡法⑥"，
按照这个计算方法，
公路不会再被冰川破坏，所以只需要在原地修复。
后来的冰川运动情况，也基本验证了他们的预测。

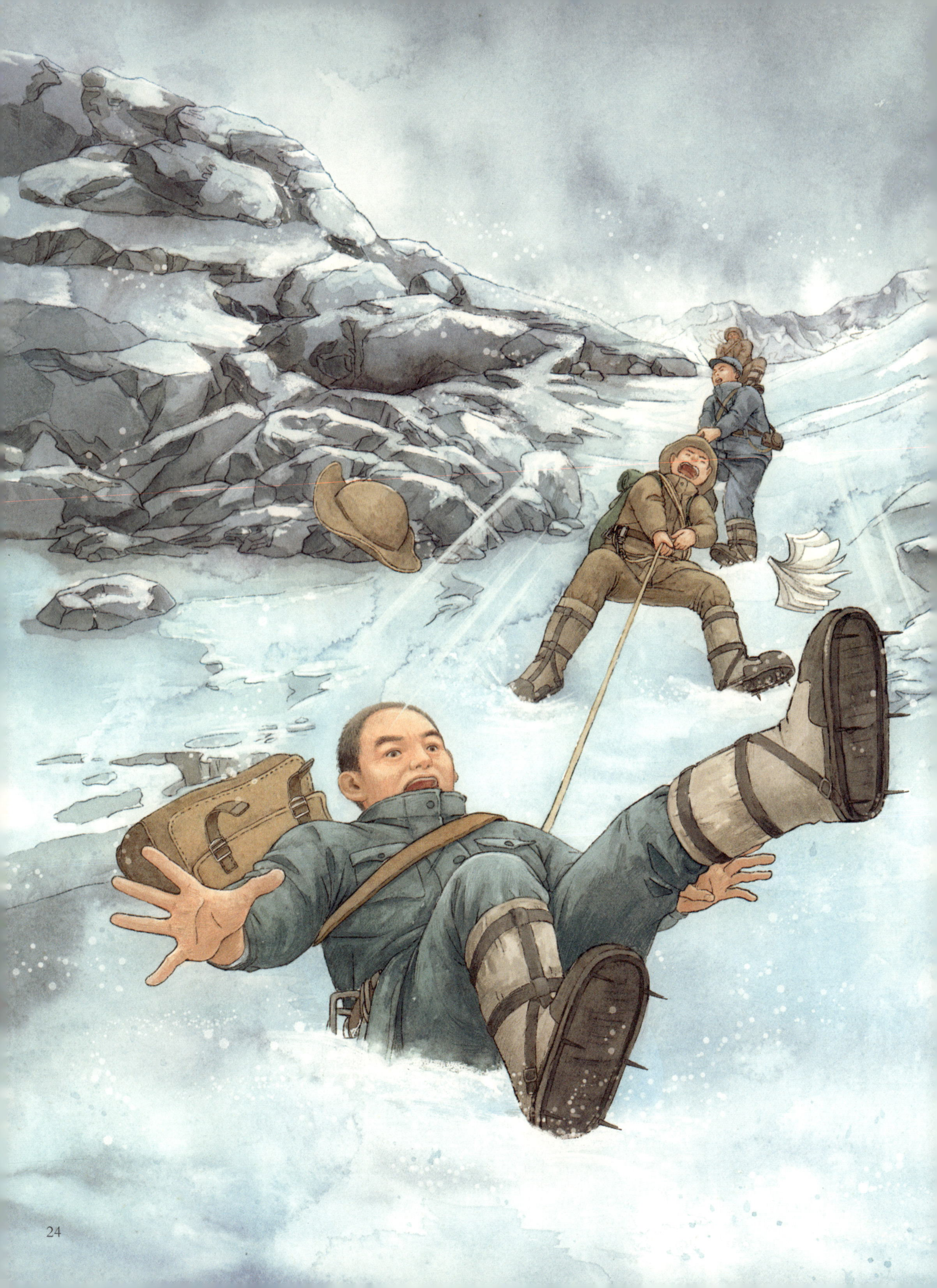

冰川考察时不仅寒冷缺氧、冰路陡滑，
还要小心突然出现在脚下的冰缝、冰湖，
甚至随时会遇到冰崩或雪崩，
一小段路就要走几个小时。
稍有不慎，还可能付出生命的代价。
有一次，施雅风一不留神，
就从冰坡上滑下去几十米，十分危险。

那时候，
没有轻便的羽绒服，只能穿着笨重的棉袄；
没有专业的攀冰鞋，只能用布条把钉子绑在靴底；
没有先进的电脑，只能用手摇计算机进行大量计算。
可是，这些困难都没有吓倒施雅风。

27

28

在这些工作的基础上，
施雅风和同事们历时20多年，
编写了《中国冰川目录》，
详细记载了中国的4万多条冰川。
他还敏锐地发现，
由于气候变暖，很多冰川在萎缩。
这就提醒我们，
要注意全球变暖和它对人类的影响。

施雅风一直认为,
研究冰川,就要去现场找答案。
为了弄清楚中国东部是否存在过第四纪[7]冰川,
他考察了将近20个地方,
这才有理有据地提出,
前辈以为的很多冰川遗迹,
实际上是泥石流[8]堆积。
有人批评他不应该质疑前辈,
但施雅风仍然坚持自己的观点:
科学家就应该以追求真理为使命。

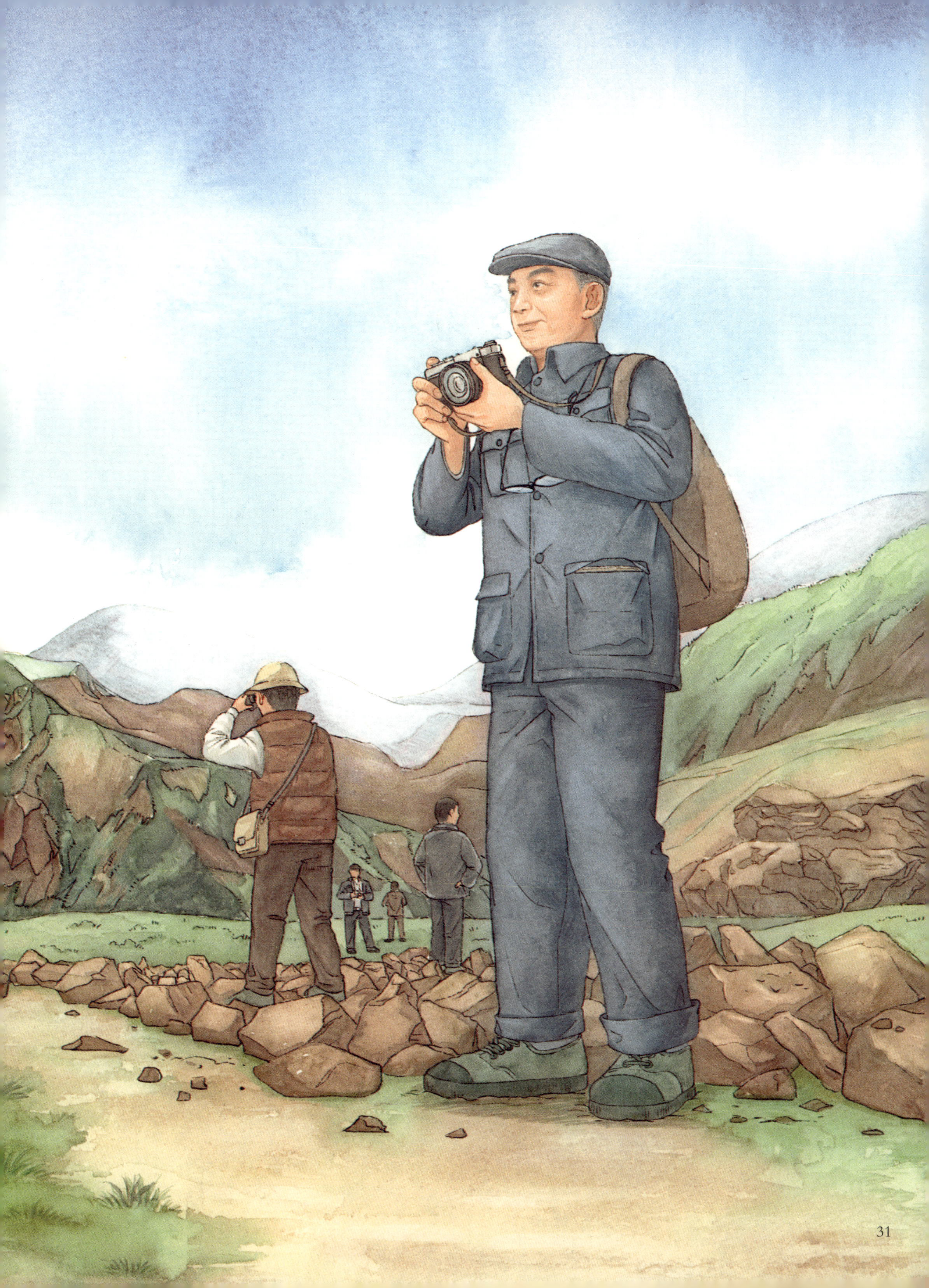

因为有这样的信念,
施雅风更是勇于承认错误,
纠正了自己对天山天池成因的判断。
即便他已白发苍苍,德高望重,
也总是愿意反思自己曾经犯过的错误,
从而帮助后辈少走了许多弯路。

33

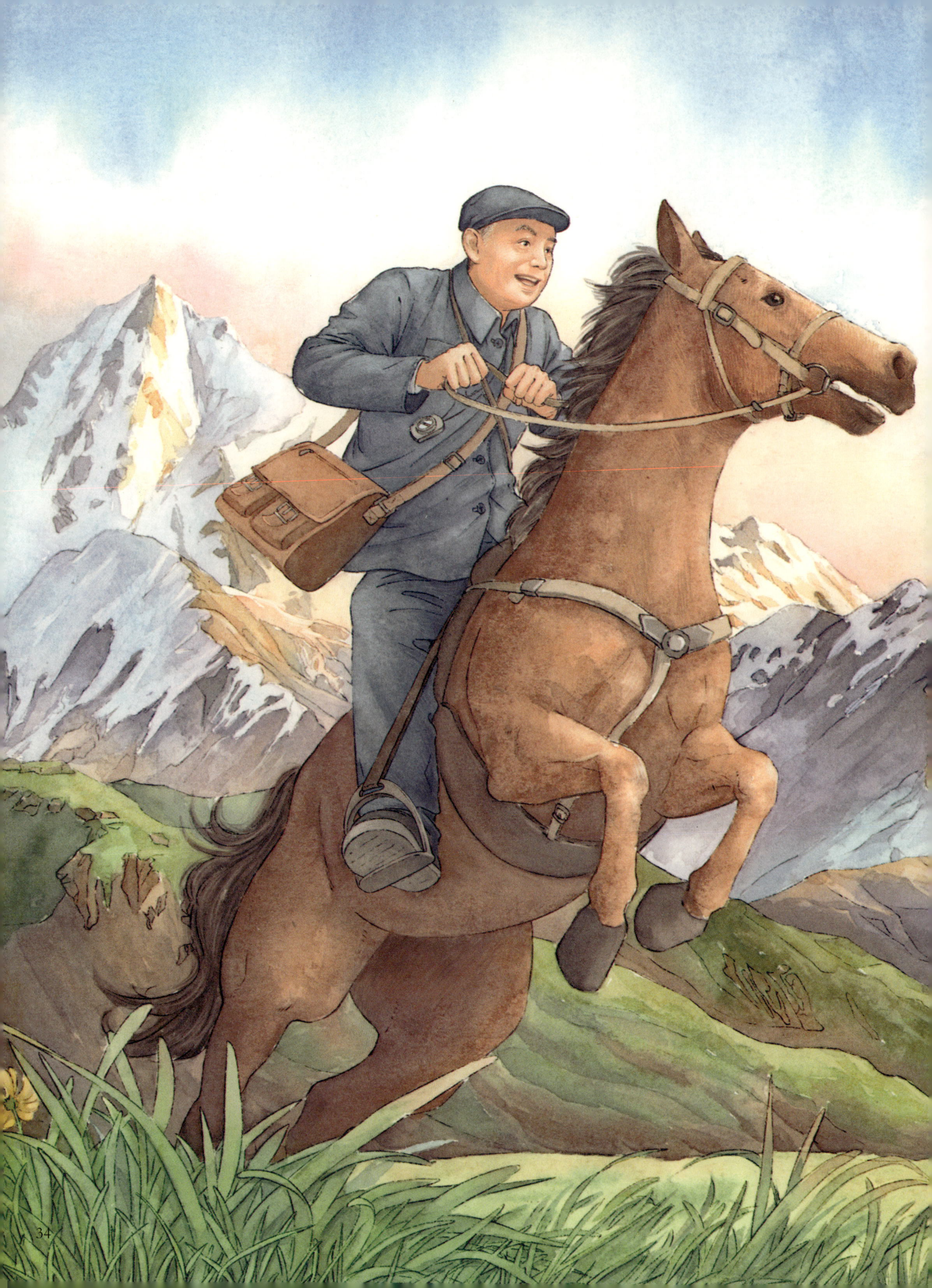

施雅风常说：

"冰川事业是一项勇敢者的事业！"

他是这样说的，也是这样做的。

他勇于挑战未曾解决的问题，

勇于面对艰险的自然环境，

勇于质疑前人的观点，

勇于反思自己的错误，

成为中国现代冰川学研究的开拓者。

他是一名真正的勇士！

施雅风小传

1919年，施雅风出生在江苏的一个农民家庭。他的父亲决心让孩子们读书，平时只给他们安排些比较轻松的农活，但对学业要求严格。施雅风从小就对地理有着浓厚的兴趣，加上中学老师的熏陶，更加坚定了他学习地理的决心。

1937年，施雅风考入浙江大学学习地理，并跟随学校西迁至贵州。时任校长竺可桢将"求是"作为校训。施雅风的导师叶良辅也一直强调理论要与实际相结合，从而培养了施雅风实事求是的科研风格。在读期间，他对学校周边的地貌⑨、土地利用、矿产进行了深入的调查研究，并发表了多篇论文。

中华人民共和国成立后，强调科学研究要密切结合国家需要。1957年，施雅风正是以"开发高山冰雪，改变西北干旱"的豪情，投入到高山冰雪利用的研究中。他请来苏联专家道尔古辛做指导，带领100多人的队伍深入考察祁连山、天山等处的冰川，通过测算冰川的面积、厚度、密度⑩来估算储水量，完成的《祁连山现代冰川考察报告》成为中国第一部区域性冰川研究专著。1964年，川藏公路工程师请他去整治公路沿线的"冰川暴发"，施雅风经过观察发现，这实际上是冰川融水冲击冰川堆积物而形成的泥石流，由此开创了中国的泥石流研究。同年，为了帮助希夏邦马峰登山队选择登山路线，施雅风和地质学家刘东生带队进行了系统的科学考察。希夏邦马峰的名字在藏语里是"气候严寒、天气恶劣多变"的意思，当时是全世界唯一没有被人类征服的海拔8000米以上高峰。考察队克服重重困难，编写出《希夏邦马峰地区科学考察报告》，还在北京科学讨论会上做了报告。1973年，中国鼎力援助巴基斯坦修筑的中巴公路[11]被喀喇昆仑山巴托拉冰川破坏。这时，又是施雅风带领研究人员探明了事故原因，并提出"波动冰量平衡法"，较为准确地预报了巴托拉冰川的运动情况，确定了公路复建方案，还编写出《喀喇昆仑山巴托拉冰川考察与研究》。

施雅风是中国冰川研究的重要组织者。他主导筹建了中国科学院冰川冻土研究机构并长期担任业务负责人，曾任中科院生物学地学部副学术秘书、地学部副主任，参与编写了《1956—1967年科学技术发展远景规划纲要》和《1978—1985年全国科学技术发展规划纲要》，还倡议扩大中国在南极的科考规模。他曾任中国地理学会理事长、冰川冻土分会首任理事长，参与创办了《中国国家地理》的前身《地理知识》，创办了《冰川冻土》杂志，主编的12卷22册《中国冰川目录》，收录了中国境内4万多条冰川。与此同时，他还为中国的冰川研究培养和输送了诸多人才。

晚年的施雅风仍然活跃于科学研究中。本着"吾爱吾师，吾更爱真理"的信条，他拿出有力的证据，对李四光关于中国东部存在第四纪冰川遗迹的观点提出了质疑，并出版了《中国第四纪冰川与环境变化》一书。他还对乌鲁木齐河水资源、全球变暖与中国自然灾害趋势、青藏高原新生代晚期环境变化等问题进行了深入的研究，组织编写了《中国全新世大暖期气候与环境》《中国西北气候由暖干向暖湿转型问题评估》等书。他用一生践行了追求真理的科学精神。

施雅风年谱

1 1919年
出生于江苏省海门市。

2 1937年（18岁）
考入浙江大学史地系。

3 1942年（23岁）
大学毕业，继续攻读研究生。

4 1944年（25岁）
获硕士学位，到中国地理研究所工作。

5 1947年（28岁）
加入中国共产党。

6 1950年（31岁）
任中科院地理研究所助理研究员，参与创办《地理知识》（现《中国国家地理》）。

7 1954年（35岁）
兼任中科院生物学地学部副学术秘书，参与筹备学部成立。

8 1956年（37岁）
参加《1956—1967年科学技术发展远景规划纲要》编制，任地学组秘书。

9 1958年（39岁）
任中科院高山冰雪利用研究队副队长，命名"七一冰川"。

10 1960年（41岁）
任中科院冰川积雪冻土研究所筹委会业务负责人，全家迁往兰州。

11

1962年
（43岁）

任中科院地理研究所冰川冻土研究室主任。

12

1964年
（45岁）

考察川藏公路沿线泥石流；任希夏邦马峰登山科学考察队队长，在北京科学讨论会上报告考察结果。

13

1965年
（46岁）

任中科院冰川冻土沙漠研究所业务副所长。

14

1974—1975年
（55~56岁）

考察位于巴基斯坦境内的喀喇昆仑山巴托拉冰川，提出"波动冰量平衡法"预报冰川运动，于1982年获国家自然科学奖三等奖。

15

1978年
（59岁）

任中科院冰川冻土研究所所长；启动中国冰川编目工作，于2002年完成出版，2006年获国家科学技术进步奖二等奖。

16

1980年
（61岁）

当选为中科院地学部学部委员，次年当选为地学部副主任；赴庐山考察。

17

1991年
（72岁）

任中国地理学会第六届理事长。

18

1997年
（78岁）

获何梁何利基金科学与技术进步奖。

19

2006年
（87岁）

出版《中国第四纪冰川与环境变化》，于2008年获国家自然科学奖二等奖。

20

2011年
（92岁）

因病逝世于江苏省南京市。

39

词汇园地

① **里**：长度单位，1 里 =500 米。

② **荒漠**：干旱气候条件下形成的植被稀疏的地理景观。

③ **冰川**：寒冷地区多年降雪积聚或融化冻结成的天然冰体，能自行运动。

④ **海拔**：平均海平面以上的垂直高度。

⑤ **绿洲**：沙漠中有水、草的地方。

⑥ **波动冰量平衡法**：综合考虑冰流速、消融量等复杂参数的冰川运动预报方法。该方法特点是冰流量在上下游呈现波动变化，而不是递减。

⑦ **第四纪**：约 260 万年前至今。在此期间，生物界进化到现代面貌，灵长目完成了从猿到人的进化。

⑧ **泥石流**：山坡上大量泥沙、石块等经山洪冲击而形成的突发性急流。其特点是暴发突然、历时短暂、来势凶猛和破坏力大。

⑨ **地貌**：地球表面各种形态的总称。

⑩ **密度**：物质单位体积的质量。

⑪ **中巴公路**：又称"喀喇昆仑公路"，北起中国新疆喀什，穿越喀喇昆仑山、喜马拉雅山脉、兴都库什山和帕米尔高原，南至巴基斯坦塔科特。由中国于 1966 年至 1978 年援助巴基斯坦建成，其间有数百名中国工程技术人员献出生命。

参考资料：

1. 施雅风口述，张九辰访问整理. 施雅风口述自传[M]. 长沙：湖南教育出版社，2009.
2. 苏珍，施建平，顾人和主编. 施雅风年谱[M]. 北京：科学出版社，2019.
3. 施雅风，吴士嘉. 冰川的召唤[M]. 南京：江苏人民出版社，2008.
4. 施雅风. 中国冰川学的成长[M]. 北京：科学技术文献出版社，1995.

图书在版编目（CIP）数据

冰川上的勇士：施雅风的故事 / 王慧斌，高晓玲著；周倩绘. — 北京：北京出版社，2023.3（2025.4重印）
（"共和国脊梁"科学家绘本丛书：校园普及版 / 任福君主编）
ISBN 978-7-200-16636-1

Ⅰ. ①冰… Ⅱ. ①王… ②高… ③周… Ⅲ. ①施雅风（1919-2011）－传记－少儿读物 Ⅳ. ①K826.14-49

中国版本图书馆CIP数据核字(2021)第207967号

选题策划　李清霞　袁　海
项目负责　刘　迁
责任编辑　王冠中
装帧设计　张　薇　耿　雯
责任印制　刘文豪
封面设计　黄明科
宣传营销　郑　龙　王　岩　安天训　孙一博
　　　　　郭　慧　马婷婷　胡　俊

"共和国脊梁"科学家绘本丛书　校园普及版

冰川上的勇士
施雅风的故事
BINGCHUAN SHANG DE YONGSHI

任福君　主编
王慧斌　高晓玲　著　周　倩　绘

出　　版：	北京出版集团
	北京出版社
地　　址：	北京北三环中路6号
邮　　编：	100120
网　　址：	www.bph.com.cn
总 发 行：	北京出版集团
经　　销：	新华书店
印　　刷：	北京博海升彩色印刷有限公司
版 印 次：	2023年3月第1版　2025年4月第5次印刷
成品尺寸：	215毫米×280毫米
印　　张：	2.75
字　　数：	30千字
书　　号：	ISBN 978-7-200-16636-1
定　　价：	25.00元

如有印装质量问题，由本社负责调换
质量监督电话：010-58572393
责任编辑电话：010-58572282
团 购 热 线：17701385675
　　　　　　18610320208

声明：为了较为真实地展现科学家生活的时代特征，部分页面有繁体字，特此说明。